THÈSE

POUR LA LICENCE.

FACULTÉ DE DROIT DE TOULOUSE.

THÈSE

POUR LA LICENCE,

EN EXÉCUTION DE L'ARTICLE IV, TITRE II, DE LA LOI DU XXII VENTOSE AN XII,

SOUTENUE

Par M. VALANTIN (John),

Né à Gorée (Sénégal).

1858

TOULOUSE,
IMPRIMERIE DE LAMARQUE ET RIVES,
Rue Tripière, 9.

A MON PÈRE.

A LA MÉMOIRE DE MA MÈRE!

A M. LARCHER,

Ancien Procureur Général.

JUS ROMANUM.

De actionibus pœnalibus.

Instit. Just., Lib. IV, Tit. VI, § 16—18; Tit. XIII, § 1.

Nihil aliud est actio quàm jus persequendi in judicio quod nobis debetur.

Pro nostro autem jure, non solùm in rem sed etiam in personam, agere possumus. Et enim, modò rem ademptam ut nostram vindicamus, modò petimus in judicio ut pænà damnetur adversarius noster.

Ideòque prudenter et recte Justinianus, in suis institutionibus, hanc divisionem nobis præbuit quà dicitur actiones quasdam rei persequendæ gratiâ quasdam autem pænæ persequendæ comparatas fuisse. Et inter eas duas, quædam etiam mixtæ simul rei et pænæ persecutoriæ sunt.

Actiones rei persecutionem continent, quibus quod ex patrimonio nobis abest persequimur.

Ex eâ definitione, facilè etiam possumus instituere definitionem actionum pænalium, de quibus præcipuè tractaturi sumus. Pænales enim dicimus actiones quibus persequimur, non quod ex patrimonio nobis abest, sed solam pænam.

Omnes verô actiones quæ ex maleficiis nascuntur pænales sunt. Tamen isti regulæ duas exceptiones invenimus : Et enim *condictio furti*, et actio *rerum amotarum* , rei solius persecutoriæ sunt. Sed inter eas quæ e maleficiis nascuntur, quædam sunt pænæ solius persecutoriæ, quædam autem simul pænæ et rei; ob id mixtæ appellantur. Separatìm ergo tractabimus de purè pænalibus et de mixtis.

SECTIO I.

De actionibus purè penalibus.

Illæ quibus nihil nisi pænam persequimur sunt, in præcipuis, actiones *furti vel manifesti, vel non manifesti,* et *injuriarum,* ambo civiles.

Inter actiones quæ nascuntur e prætoriano jure, quasdam etiam invenimus pænales; tales sunt : Actio *de albo corrupto* quâ castigat prætor corruptores albi sui. Actio *de parente aut patrono sine veniâ in jus vocato,* quâ persequebantur eos |qui, legis contemptu et non convenienter, in jus vocassent patronum vel parentem. Actio de *in jus vocato vi exempto,* actiones *de posito et suspenso, de effusis* et *dejectis* si liber homo occisus fuerit, quæ comparatæ fuerant a prætoribus ad urbis securitatem tuendam; aliæ tandem immunerabiles quæ inveniuntur in diversis jurisprudentium scriptis.

SECTIO II.

De mixtis actionibus.

Mixtæ autem actiones sunt quæ comparantur tàm in rem quàm in pænam persequendam.

Inter eas animadvertere possumus actionem *vi bonorum raptorum*.
Secundùm Gaii Institutiones quidam auctores hanc actionem colloca-
bant inter purè pænales : ex Justiniano vero, accipimus mixtam esse,
quia in quadraplum rei persecutio continetur, pæna autem tripli est.
Item actionem *legis aquiliæ de damno injuriæ* semper mixtam videmus. Gaius ipse collocat etiam inter mixtas actiones, eas quibus ad-
versus inficiantem in duplum agimus; tales sunt : actiones *judicati*,
depensi et *legatorum nomine* quæ per damnationem certa delicta sunt.
Justiniani tempore hæc posterior obsoleverat. Hic autem imperator in
vicem posuerat hanc actionem quæ data erat contrâ eos qui relicta sa-
crosantis ecclesiis vel aliis venerabilibus locis, legati vel fideicom-
missi nomine, dare distulissent usquè adeò ut etiam in judicium vo-
carentur.

Denique invenimus etiam hanc *depositi miserabilis* actionem quæ,
quamvis e contractibus orta sit, exceptione mixta videbatur pruden-
tibus quia, ubi depositarius illud dolosè negat, datur actio in duplum.

Sectio III.

De effectibus actionum pœnalium mixtorumque.

Nunc, quos effectus nobis præbere possint actiones pænales, quos
mixtæ, videmus.

Pænalibus actionibus persequendæ sunt mulctatitiæ pecuniæ, præter
omnem revendicationem. Hæc autem mulctatio plus plusquè crebrescit
secundùm vim actionis. Et enim vel in simplum, vel in duplum, vel
in triplum, vel tandem in quadruplum conceptæ sunt actiones. Tamen
ulterius quadruplo nulla actio extenditur.

Ex eo facilè percipimus non accipiendas esse actiones pænales pro
publicis judiciis quæ sic dicta sunt, quòd cuivis ex populo, eorum exse-
cutio plerumque datur. Magna enim diversitas est et in instituendis
et in exercendis.

Institutio et exercitatio actionum pænalium juris privati operâ perficiuntur. De publico autem jure nascuntur publica judicia.

Mixtæ tandem actiones et pænales inter se etiam differunt vel naturâ, vel effectu. Scimus enim mixtam simul rei et pænæ persecutoriam esse, dùm pænam tantùm persequitur pænalis actio.

Sectio IV.

Quibus modis terminentur actiones pœnales.

Hæc extinguuntur actiones morte rei. Et enim si dijudicandum nobis esset utrum actiones pænales hæredibus et in hæredes dentur, nec ne, facilè videamus generaliter hæredibus sed non in hæredes dari, etiamsi ex contractu nascantur. Hujus regulæ rationem invenimus, in eo quod, quia pænæ sunt personales, auctores delicti soli debent teneri et non hæredes innocentes.

Attamen exceptio est una : Transeunt enim in hæredes actiones etiam pænales quæ a defuncto non lite contestatæ fuerunt. In hoc casu, hæredes videtur, non ex delicto, sed quasi ex contractu, mulctam solvere.

Illis, in quos competunt quædam actiones pænales jus prætorianum dedit quasdam defensionis rationes exceptionibus constitutis. Et enim nos docet Justinianus in titulo *De exceptionibus*, unam exceptionem fuisse comparatam a prætoribus, ad impugnandas actiones metûs causâ et doli mali, quibus in civili jure, possunt obligari, etiam injustè, qui tractantur.

POSITIONES.

Omnes actiones pænales sunt generaliter temporales. An hæc regula nullam exceptionem recipere possit?

An qui actionem quamdam pænalem intendunt, non possint separatim rem amissam revendicare?

CODE NAPOLÉON.

Du mariage (art. 180 à 228).

Avant d'aborder les différentes questions qui rentrent dans les limites de cette matière, il nous semble utile de résumer rapidement les principes fondamentaux du mariage.

Le mariage est un contrat civil, et, comme tous les contrats, il est soumis à l'accomplissement de certaines conditions exigées et déterminées par la loi. Mais ces conditions n'ont pas toutes le même degré d'importance.

Les unes, en effet, constituent l'essence même du mariage. Il est donc absolument impossible que, sans elles, cet acte puisse se former et exister. D'autres ne sont nécessaires qu'à sa validité. Elles n'empêchent pas sa formation ; elles le rendent seulement annulable.

Quelques-unes, enfin, exigées dans certains cas spécialement désignés, peuvent, par leur absence, donner lieu à une prohibition ; mais l'acte fait en dépit de cette prohibition resterait inattaquable tant dans son existence que dans sa validité.

Le Code consacre les deux premiers chapitres de notre titre à l'énumération de ces diverses conditions.

En les résumant, nous pouvons dire que :

Les conditions essentielles au mariage sont au nombre de trois : 1° la différence de sexe ; 2° le consentement des époux ; 3° la célébration solennelle par un officier de l'état civil.

Les conditions requises pour la validité sont plus nombreuses ; on peut en compter six :

1º L'âge de puberté pour chacun des époux ; 2º l'absence de tout vice dans leur consentement ; 3º le consentement des personnes sous lesquelles se trouvent les époux mineurs ; 4º l'absence de tout mariage préexistant ; 5º l'inexistence entre les époux des liens de parenté et d'alliance dans les degrés prohibés par les art. 161, 162, 163 ; 6º enfin, les formalités exigées pour la publicité du mariage.

Les conditions dont la violation n'a pour sanction qu'un empêchement prohibitif ne sont pas si clairement énumérées. Toutefois, parmi les principales, nous pouvons compter : 1º le conseil des parents exigé pour les époux majeurs de 25 ans ; 2º les publications prescrites par la loi, dans le délai déterminé.

L'absence d'une des conditions essentielles, non-seulement consacre d'une manière absolue l'inexistence du mariage, mais elle s'oppose même à sa formation. Pour tout le monde, l'acte fait en dépit de cet empêchement, est donc impossible et nul. Il ne saurait y avoir alors qu'une simple apparence dépourvue de tout effet.

Mais il n'en est pas ainsi des conditions exigées pour la validité du mariage. Leur absence ne fait point obstacle à la formation de l'acte ; elle peut seulement, dans certains cas déterminés, et sur la demande de certaines personnes, entraîner postérieurement la cassation, l'annulation de cet acte ; c'est pour cela que la jurisprudence a appelé dirimants (*de dirimere,* briser) les empêchements qu'elle constitue.

D'après cela, il existe donc entre la nature des deux actes produits par l'absence de ces deux espèces de conditions une différence profonde.

D'un côté, acte nul, c'est-à-dire qui, jamais, dans aucun cas, ne pourra avoir d'existence réelle ; de l'autre, acte seulement annulable, c'est-à-dire qui peut se former, sauf à être ensuite cassé selon les circonstances, et dont, par conséquent, l'existence valable est soumise à certaines chances de durée. Sur cette distinction est basée toute la théorie des demandes en nullité, rubrique sous laquelle le Code Napoléon traite des cas où le mariage est annulable et des personnes que la loi appelle à demander cette annulation.

CHAPITRE IV.

Des demandes en nullité.

En général, l'annulation ou, pour parler un langage plus juridique, la nullité résultant d'une action est une, si on la considère au point de vue de son objet ; c'est-à-dire qu'elle produit toujours les mêmes effets. Mais, considérée au point de vue des motifs qui la font naître et des personnes qui peuvent la demander, les auteurs la divisent en nullité absolue et nullité relative.

La nullité absolue est celle qui, fondée sur des motifs d'ordre public, qui intéressent toute une société, peut être invoquée par toute personne qui a un intérêt actuel à le faire et souvent d'office par le ministère public.

Au contraire, la nullité relative, n'ayant pour fondement que des questions d'intérêt purement particulier, ne peut être demandée que dans les cas déterminés par la loi, par les personnes spécialement désignées et dans certaines limites de temps.

Quoique cette division, toute de théorie, n'existe pas réellement dans la loi, elle semble assez logique pour devoir être adoptée dans l'étude de notre question. Nous nous occuperons donc successivement de chacune de ces nullités en suivant l'ordre dans lequel elles sont énumérées dans le Code.

I. En premier lieu notre chapitre traite des nullités relatives. Elles sont au nombre de deux et ont pour motif :

1° Le vice dans le consentement des époux ; 2° l'absence du consentement des personnes sous la puissance desquelles se trouvent les conjoints.

Lorsqu'il n'y a pas de consentement de la part des deux époux ou de l'un d'eux, nous avons vu que le mariage était nul et inexistant (art. 146).

Lorsqu'il y a consentement mais imparfait, entaché d'un vice, le mariage est simplement annulable ; il y a lieu alors à une action en nullité.

Dans les contrats, en général, le consentement est vicié par la violence, l'erreur et le dol. Ici, la loi n'a reconnu que deux de ces vices : la violence et l'erreur.

Lorsqu'il y a violence, point de difficulté. Le consentement privé de liberté, arraché par la crainte, ne produit qu'un acte annulable sur la demande de l'époux qui a été victime du vice.

Mais, à propos de l'erreur, une difficulté se présente : L'art. 180 nous dit que l'erreur dans la personne vicie le consentement. Mais qu'entendre par ces mots: Erreur sur la personne? Est-ce de l'individu, personne physique, ou des qualités civiles ou sociales, abstraction faite de l'individu, que la loi a voulu parler ici? Dans l'ancien droit on distinguait l'une et l'autre de ces erreurs. La première rendait nul le mariage ; la seconde, au contraire, le laissait subsister. Mais devant l'expression générale de notre article, que décider à ce sujet? La question est vivement controversée. Trois systèmes résument les différentes opinions :

L'un prétend que le Code n'a voulu régler que l'erreur sur la personne physique. Le mariage est, dans ce cas, annulable, et c'est à l'époux trompé à intenter l'action en nullité dans les délais qui sont, au reste, déterminés par l'art. 181.

D'autres admettent et l'erreur sur la personne et l'erreur sur les qualités; seulement, ils ne laissent pas subsister la distinction de l'ancien droit. L'une et l'autre erreur a pour effet de rendre le mariage annulable, et c'est toujours à l'époux trompé que revient la demande. Enfin, un dernier système, rétablissant les divisions de l'ancienne jurisprudence enseignées notamment par Pothier, soutient que, dans le cas d'erreur sur la personne physique, le mariage est entièrement nul, tandis qu'il n'est qu'annulable dans le cas d'erreur sur les qualités.

Cette dernière opinion nous paraît être la plus acceptable pour l'interprétation du second alinéa de notre article 180.

C'est à l'époux violenté ou induit en erreur, et à lui seul, qu'il appartient de demander la nullité du mariage ; mais sa demande n'est pas toujours recevable. Nous voyons, en effet, dans l'art. 181, que l'époux qui, pendant six mois, une fois la violence ou l'erreur par lui reconnue, a continué de cohabiter avec son conjoint, n'est plus admis à intenter l'action en nullité pour l'un de ces vices. La loi a présumé avec raison qu'une si longue cohabitation pouvait être considérée comme une renonciation tacite aux droits qu'avait l'époux à demander la nullité du mariage.

Mais ce mariage, que devient-il alors ? Il est ratifié tacitement comme il peut l'être expressément. Le vice qui le rendait imparfait est sensé couvert par cette ratification, et l'acte devient alors valable pour tous ses effets.

2° Dans les articles 148, 149, 150, la loi détermine les cas où le consentement des père et mère, à leur défaut des ascendants, ou enfin du conseil de famille, est nécessaire. L'art. 182 nous dit que l'absence de ce consentement, dans ces différents cas, peut rendre le mariage annulable. Cette nullité est, comme la précédente, entièrement relative, en ce sens qu'elle ne peut être demandée que par les personnes que la loi prend soin de désigner spécialement dans l'art. 182. Ces personnes sont :

D'abord, et naturellement, celles dont le consentement était requis. Cette action en nullité que la loi leur confère est à la fois la sanction de leur autorité, et le moyen de protéger l'enfant qu'ils ont sous leur puissance. En second lieu, la loi accorde encore à celui des deux époux qui n'a pas obtenu ce consentement nécessaire, le droit de demander la nullité de son mariage. Elle a voulu par là lui laisser le moyen de réparer une première faute qui n'est souvent que le résultat d'une faiblesse. L'action en nullité doit être intentée ici comme précédemment, dans un certain laps de temps qui est, pour les personnes dont le consentement est requis, d'une année à compter du jour où ils ont eu connaisance du mariage, et, pour l'époux qui avait besoin de ce consentement, d'une année aussi à compter du jour où il a atteint l'âge compétent pour se marier par lui-même.

En dehors de ces limites, l'action ne serait plus recevable ; le mariage serait alors réputé valable.

Il faut, du reste, être aussi validé par une ratification, soit expresse, soit tacite, des parties intéressées. Seulement, si la ratification provient des personnes dont le consentement était requis, le mariage est valable pour tout le monde.

Si, au contraire, elle provient du fait de l'époux, elle ne peut avoir d'effet que pour lui ; on ne saurait l'opposer aux autres parties intéressées pour lesquelles l'action en nullité subsisterait toujours indépendamment de cette ratification.

II. Les nullités absolues proviennent de causes beaucoup plus nombreuses que les nullités relatives. On peut même dire qu'elles constituent la règle dont les autres ne sont que les exceptions.

Ainsi, hormis les deux cas que nous venons d'étudier, toutes les autres conditions requises pour la validité du mariage, telles que nous les avons énumérées plus haut, peuvent, par leur absence, donner lieu à une action en nullité absolue (art. 184, 144, 147, 161, 162, 163, 191).

Les caractères distinctifs de cette action sont, comme nous le savons, d'abord d'appartenir généralement à toute personne intéressée, puis de pouvoir être exercée à toute époque, sans que, ni le temps, ni la volonté expresse ou tacite des parties puissent la couvrir.

Toute personne intéressée peut donc demander la nullité du mariage. Mais comment déterminer qu'une personne sera intéressée ? La loi a-t-elle voulu admettre ici toute espèce d'intérêt, ou bien faut-il, en l'interprétant, restreindre au contraire cette disposition à un intérêt particulier ? Il nous semble que ni l'un, ni l'autre, n'a été dans la pensée de la loi. Ce qu'elle veut principalement, c'est qu'il y ait intérêt né et actuel. Sans doute, on ne devrait pas considérer ici un intérêt purement pécuniaire ; ce serait faire dépendre la résolution d'un acte aussi important que celui du mariage, de circonstances souvent bien minimes. Mais il ne faut pas non plus exiger un intérêt purement civil ou social. C'est dans cette pensée que la plupart des auteurs mettent au rang des personnes intéressées à invoquer la nullité absolue, les créanciers des époux qui peuvent souvent avoir un intérêt fort grave à poursuivre cette nullité.

Au nombre des personnes qui, d'après la loi, ont un intérêt né et actuel à la demande en nullité, nous trouvons d'abord les époux : l'un et l'autre, en effet, doivent chercher à sortir d'une union que la loi et la société condamnent.

Puis les ascendants, même ceux qui ont donné leur consentement : c'est, en effet, pour eux, un moyen de réparer les torts qu'a pu occasionner la cession, faite souvent par faiblesse, de ce consentement (art. 186). Puis encore le ministère public, qui, comme représentant la société, doit pouvoir intervenir dans tous les actes qui, par un scandale quelconque, troublent l'ordre de cette société (art. 190).

L'art. 187 règle spécialement l'intérêt que peuvent avoir à demander la nullité d'un mariage les parents collatéraux des époux ou les enfants nés d'un autre mariage. Cet intérêt d'habitude n'est qu'un intérêt de succession, que les intéressés ne peuvent faire valoir qu'au décès de leur parent. Cependant, il peut se faire que, par exception, cet intérêt soit né et actuel du vivant même des époux ; alors la loi range les collatéraux et les enfants nés d'un autre mariage dans la même catégorie que les autres personnes que nous venons d'énumérer. Ils peuvent, par conséquent, intenter, comme eux, l'action en nullité.

Nous avons posé en principe que les actions en nullité absolue n'étaient soumises à aucune limite de temps.

Il faut cependant admettre une exception à cette règle pour le cas spécialement traité par l'art. 185, de l'action en nullité résultant de l'impuberté ou du défaut d'âge.

Cette action n'est plus recevable : 1° six mois après que l'âge exigé est atteint ; 2° et même avant l'échéance de ces six mois, dans l'hypothèse spéciale où la femme qui n'avait point l'âge requis, est en état de grossesse.

La nullité résultant du défaut d'âge, ne diffère pas seulement par cette exception, des autres nullités absolues; on peut même dire qu'elle n'est pas entièrement absolue, puisque la loi défend aux personnes qui ont donné leur consentement à ce mariage, d'en demander ensuite la nullité, quelqu'intérêt qu'elles puissent y avoir (art. 186).

Ici se termine l'importante et difficile question des demandes en nullité : Notre chapitre, quoique portant la rubrique générale, *des demandes en nullité,* traite maintenant des preuves de la célébration du mariage, et des mariages putatifs.

I° — *Preuves de la célébration du mariage.*

Le mariage est un acte civil ; il est par conséquent soumis aux formalités de l'inscription sur les registres de l'état civil. L'utilité de cette disposition nous apparaît évidente lorsqu'il s'agit de prononcer la célébration d'un mariage.

La loi en, effet, pose comme règle générale et expresse, que cette preuve ne pourra résulter que de la représentation de l'acte de célébration inscrit sur les registres de l'état civil, art. 194. La possession d'état d'époux elle-même, si longue et si constante qu'elle ait été, ne suppléerait pas l'absence de l'acte de célébration. Tout ce qu'elle peut faire, c'est lorsqu'un acte à cause de ses irrégularités ne pourrait servir de preuve du mariage, d'en couvrir les vices, en lui donnant la force probante d'un acte régulier (art. 195, 196).

Toutefois, il n'y a point de règle sans exception. Quelque formelle que paraisse donc la disposition de l'art. 194, il faut y apporter certains tempéraments.

Dans notre article lui-même, nous trouvons déjà une première exception. En effet, après avoir formulé la règle, la loi a le soin d'ajouter qu'elle existe sauf les cas prévus par l'art. 46, au titre des actes de l'état civil. Or, cet article nous dit que lorsqu'il n'a pas existé de registres de l'état civil, ou bien qu'ils ont été perdus ou détruits, en tout ou en partie, la preuve d'un acte civil peut être faite tant par titres et papiers domestiques que par témoins. Dans ces différents cas, cette preuve devra donc être admise pour la célébration du mariage.

La deuxième exception résulte de la disposition particulière de l'art. 197. Il y est dit : que si la possession d'état est, à l'égard des époux, impuissante à prouver par elle-même la célébration du mariage, il n'en est pas toujours ainsi à l'égard de leurs enfants. La loi n'a pas voulu, en effet, que la légitimité de ces enfants résultant d'une possession d'état d'enfants légitimes qui n'est point en contradiction avec leur acte de naissance, puisse être contestée sous prétexte du défaut de représentation de l'acte de célébration du mariage de leurs père et mère.

Enfin, comme troisième et dernière exception, nous trouvons les dispositions des art. 198, 199, 200, combinés. L'officier de l'état civil qui a détruit ou falsifié un acte de célébration, ou qui a causé, par sa négligence, la perte de cet acte, est passible d'une peine criminelle dans le premier cas, correctionnelle dans le second (art. 145, 146, 147, 173, 192, du C. P. Mais que devient alors la preuve de célébration par l'acte inscrit sur les registres, puisque cet acte n'existe plus ? La loi a décidé que le jugement qui condamnait l'officier de l'état civil serait inscrit sur les registres et ferait, au lieu et place de l'acte de célébration, preuve entière du mariage, tant à l'égard des époux qu'à l'égard des enfants issus de ce mariage (art. 198).

Toute personne n'est pas recevable à poursuivre l'officier de l'état civil, coupable du crime ou délit dont nous venons de parler. Indépendamment des époux à qui, naturellement cette action revient de droit, la loi l'accorde encore à toute personne intéressée à la validité du mariage d'une manière particulière, et au ministère public agissant dans l'intérêt général de la société (art. 199).

L'officier de l'état civil peut donc, de son vivant, être poursuivi criminellement et civilement par les personnes que nous venons d'indiquer. Mais à son décès la poursuite criminelle cesse ; il n'y a plus lieu qu'à l'action civile, qui, comme on le sait, peut s'exercer contre les héritiers. Toutefois, dans notre hypothèse, la loi, par mesure de prudence, a dérogé aux principes reçus en matière civile, en attribuant la poursuite de cette action au ministère public. Les autres parties intéressées ne sont admises qu'à faire leur dénonciation et à assister à la poursuite civile (art. 200).

II. — *Des mariages putatifs.*

En principe, la nullité d'un mariage a pour but, lorsqu'elle est déclarée, d'anéantir tous les effets de cet acte tant pour l'avenir que dans le passé.

Cependant, la loi a admis une exception en faveur du mariage qui avait été contracté de bonne-foi par les époux, malgré les imperfections qui ont entraîné sa nullité postérieure. Ce mariage, appelé dans la jurisprudence mariage putatif, conserve, par une fiction de droit, ses effets dans le passé. Le jugement qui l'annule ne le fait cesser que pour l'avenir.

Le mariage putatif peut donc être assimilé, quant à ses effets, à un mariage valable qui viendrait à se dissoudre.

Si le mariage putatif a été contracté de bonne-foi par les deux époux, c'est à l'égard de ces deux époux et des enfants issus de ce mariage qu'il conserve tous ses effets civils jusqu'au jugement d'annulation.

Si, au contraire, il n'y a eu qu'un seul des époux de bonne-foi, il est naturel que cette faveur ne s'étende qu'à lui et aux enfants, puisque c'est la bonne-foi seule que la loi a entendu ici récompenser (art. 201-202).

CHAPITRE V.

Des obligations qui naissent du mariage.

Malgré la généralité de cette rubrique, notre chapitre ne traite pas de toutes les obligations que peut faire naître le mariage. Il est au con-

traire tout spécial et nous n'y trouvons que certaines obligations par-
ticulières dont sont tenus les époux vis-à-vis, soit de leurs enfants,
soit de leurs ascendants, soit enfin de quelques-uns de leurs alliés.

Vis-à-vis des enfants les époux contractent ensemble, par le seul
fait du mariage, l'engagement de les nourrir, entretenir et élever,
dans la mesure, bien entendu, de leurs ressources. De cette obligation
résulte une action civile qui pourrait être intentée contre l'époux qui
agirait au mépris de son engagement, par le conjoint, tant en son
nom que comme représentant de ses enfants mineurs (art. 203).

Dans l'ancienne jurisprudence, les pays de droit écrit avaient ajouté
à cette triple obligation des époux envers leurs enfants, le devoir
exorbitant de fournir une dot pour l'établissement de ces enfants.
Une action dotale était même accordée à l'enfant contre ses père et
mère. Le Code, d'accord en cela avec la législation des pays coutu-
miers, a formellement abrogé cette obligation exclusive et l'action
qu'elle faisait naître (art. 204).

La dette alimentaire est encore une des obligations les plus importantes qu'engendre le mariage.

Elle existe, à titre de réciprocité : 1° entre les enfants et leurs ascendants, à quelque degré que ce soit; 2° entre les époux et leurs
alliés, à titre d'ascendants, sauf l'exception à l'égard de la belle-mère
qui a convolé en secondes noces (art. 205, 206, 207).

La dette alimentaire n'emporte pas l'obligation de nourrir et entretenir chez soi les personnes à qui on la doit. En principe, elle doit
même s'acquitter par une pension en argent. Mais si le débiteur offre
de remplir son obligation en prenant chez lui les personnes auxquelles
il doit des aliments, les créanciers ont-ils le droit de refuser cette offre
et d'exiger le paiement de la pension en argent? — Si ces créanciers
sont des descendants, ils n'ont pas ce droit. Dans tous les autres
cas, il leur appartient. Toutefois, le tribunal peut alors, sur la preuve
que produit le débiteur de l'impossibilité où il est de payer la pension en argent, ordonner que les créanciers seront nourris et entre-
tenus chez lui (art. 210, 211 combinés).

3

Les personnes tenues de la dette alimentaire ne contractent cette obligation que dans la mesure de leurs moyens, et aussi dans la proportion des besoins de ceux à qui ils la doivent. De là on peut donc conclure que, si le besoin du réclamant cessait, ou si l'obligé à la dette alimentaire n'avait plus les moyens de la fournir, le tribunal pourrait, sur la demande des parties, ordonner la réduction ou l'entière décharge de cette dette (art. 208, 209).

La dette alimentaire s'éteint, comme toute espèce d'obligation, par la mort du créancier. Mais elle finit aussi par la cessation de l'alliance dans les cas particuliers que nous avons vu plus haut.

CHAPITRE VI.

Des devoirs respectifs des époux.

Nous pouvons diviser ces devoirs en deux classes :

1° [Les devoirs communs aux deux époux, ceux qu'ils se doivent mutuellement ;

2° Les devoirs personnels de chacun d'eux à l'égard de son conjoint.

Dans l'art. 212, nous voyons que les époux se doivent mutuellement fidélité conjugale, secours pécuniaires et alimentaires ; enfin, assistance personnelle dans le malheur. L'observation de ces devoirs est sanctionnée non-seulement par la conscience et la morale, mais encore par les peines que la loi inflige aux époux qui y manquent (art. 339 C. Pén.).

Les devoirs personnels du mari se résument dans la protection qu'il doit à sa femme, et, comme conséquence, dans l'obligation de la recevoir et de l'entretenir chez lui, selon ses ressources (art. 213).

La femme, de son côté, doit obéissance et soumission à son mari. Elle est donc tenue, non-seulement d'habiter avec lui, mais encore de le suivre partout où il lui plaira d'aller, sauf les cas extraordinaires où la loi la dégage de cette obligation ; par exemple, lorsque le mari veut sortir de France, contrairement à une défense de l'autorité. Une autre conséquence bien importante du devoir d'obéissance dont la femme est tenue vis-à-vis de son mari, c'est l'incapacité dont la loi frappe la femme mariée pour faire seule, et sans le concours ou l'autorisation de son mari, les actes ordinaires de la vie civile, tels que ester en justice, s'obliger, aliéner, acquérir, etc.

Cette incapacité de la femme ne serait même pas couverte par l'incapacité personnelle où serait le mari de donner son autorisation. Ainsi les articles 221, 222. 224, disent formellement que, lorsque le mari ne peut donner son autorisation, par suite des différentes circonstances énoncées par la loi (*condamnations*, *absence*, *interdiction*, *minorité*), c'est à la justice à suppléer à ce défaut, en autorisant elle-même la femme à faire l'acte dont elle réclame l'exercice.

Lorsque le mari, en dehors des incapacités personnelles qui l'empêchent d'autoriser sa femme, refuse à celle-ci une autorisation d'ester en justice, le juge peut encore, sur la demande de la femme et après connaissance de cause, suppléer par une autorisation spéciale (art. 218, 219).

D'ailleurs, la règle de l'autorisation maritale n'est pas également absolue pour tous les actes de la vie civile que la femme peut être appelée à faire. Ainsi, s'il est vrai que, pour ester en justice, la femme doive toujours être autorisée par son mari, et, à son défaut, par la justice, il est certaines positions dans lesquelles la femme peut contracter et s'obliger dans une mesure déterminée, même sans autorisation. Tel est le cas de la femme marchande publique, pour tous les actes de son négoce (art. 220). Enfin, la femme, dans quelque position qu'elle se trouve, peut être appelée en témoignage devant la justice, sans qu'elle ait besoin d'être autorisée par son mari. Cela résulte formellement de l'art. 226.

CHAPITRES VII ET VIII.

De la dissolution du mariage. — Des seconds mariages.

En suivant un ordre parfaitement logique, la loi, après s'être occupée de définir le mariage et ses principaux effets, arrive à parler maintenant des causes qui peuvent dissoudre le mariage.

D'après le code, ces causes de dissolution sont au nombre de trois : 1° la mort naturelle ; 2° la mort civile ; 3° le divorce.

Mais la loi du 8 mai 1816 ayant aboli le divorce, et celle de janvier mil huit cent cinquante-quatre ayant fait disparaître de notre législation la mort civile, il ne reste plus aujourd'hui comme unique cause de dissolution de mariage, que la mort naturelle.

Le mari, devenu veuf, peut se remarier quand bon lui semble ; aucune loi ne lui conteste ni ne lui limite ce droit.

Mais il en est autrement de la veuve. Des considérations morales et sociales lui ont fait défendre de convoler en secondes noces avant dix mois révolus depuis la dissolution du mariage précédent (art. 228).

POSITIONS.

Les demandes en nullité du mariage peuvent-elles passer aux héritiers des personnes auxquelles la loi confère le droit de les formuler, lorsque ces personnes meurent *pendente lite?*

Quels sont les effets de la possession d'état, par rapport à l'un des époux, lorsque les héritiers de l'autre contestent la validité du mariage ?

L'exception qui permet à la femme, marchande publique, de contracter sans l'autorisation de son mari, emporte-t-elle aussi la faculté d'ester en jugement ?

Quels sont les tribunaux compétents pour juger de toutes les questions que peut soulever le mariage ?

PROCÉDURE CIVILE.

Des demandes en distraction d'objets saisis mobilièrement ou immobilière-
ment (art. 608, 725, 726, 727, Code de Procédure civile).

Parmi les incidents prévus par la loi comme les plus fréquents qui puissent surgir pendant la poursuite d'une saisie mobilière ou immobilière, nous trouvons les demandes en distraction d'objets saisis par erreur.

Ces demandes ne sont autre chose que de véritables revendications par lesquelles le demandeur se prétend propriétaire des effets saisis sur une autre personne.

La revendication d'un objet mobilier et celle d'un immeuble ont certainement des points communs. Mais d'après la nature même des objets qui sont en question, il est vrai de dire que leurs différences sont plus nombreuses. Nous nous occuperons donc d'abord de chacune d'elles, sauf ensuite à déterminer les règles qui leur sont communes.

SECTION PREMIÈRE.

Demandes en revendication et distraction d'objets saisis mobilièrement.

Dans le cours d'une saisie exécution une foule de circonstances peuvent amener la saisie de choses qui n'appartiennent pas au débiteur.

Ainsi, ce débiteur peut avoir chez lui des objets qui sont à d'autres personnes, soit qu'ils s'y trouvent à titre de location, soit qu'ils y aient été placés en dépôt, soit enfin pour tout autre motif. Or, l'huissier qui vient opérer la saisie ne fait pas et ne doit même pas faire cette distinction. La mission que la loi lui confie c'est de saisir chez le débiteur tout ce qu'elle a déclaré y être saisissable. Il n'a donc pas à discuter la propriété des objets. Il procède sans avoir égard aux réclamations que peut lui faire le saisi. Bien plus, il n'écoutera pas même celles des tiers à qui peuvent appartenir quelques-uns des objets. Personne, en effet, ne peut lui garantir la véracité de ces réclamations, et lui, agent de l'autorité, doit être toujours sur ses gardes contre les ruses qui ont pour but d'éluder la loi.

Seulement, après la saisie, si des tiers se trouvent être réellement propriétaires de certains objets saisis, la loi non-seulement leur reconnaît le droit de revendiquer ces objets, mais encore leur donne le moyen de le faire par la demande en distraction.

Nous venons d'examiner l'hypothèse où des tiers se trouvent propriétaires de partie seulement des objets saisis. Mais allons plus loin et supposons que tous les objets qui constituent une saisie exécution appartiennent à une autre personne que le saisi. Ce n'est pas là un cas imaginaire. En effet, le saisi peut se trouver logé, soit dans un appartement meublé, soit chez un ami ou un parent. Ignorant cette circonstance, l'huissier vient, en l'absence du saisi, exécuter les objets qu'il croyait lui appartenir. Qu'arrivera-t-il alors? Comme précédemment, les tiers auront la ressource d'une demande en distraction, mais avec cette différence qu'ici cette demande arrêtera le cours de la saisie, et que le jugement qui la sanctionnera aura pour effet l'annulation complète de cette saisie. De plus, nous avons vu que, dans la première hypothèse, l'huissier opérant en présence des tiers intéressés ne devait pas s'arrêter devant les réclamations partielles de ces tiers. Il n'en est pas de même ici. Le tiers peut empêcher l'huissier qui se présenterait pour faire saisie en alléguant que, si c'est chez lui que demeure le saisi, les meubles n'en sont pas moins sa propriété.

L'huissier ne peut alors passer outre. Ce serait une violation de la propriété que n'autorisent certainement pas nos lois. Mais , si l'allégation du tiers était fausse, la saisie serait-elle donc éludée ? La loi a prévu le cas, et l'huissier, tout en se retirant, doit mettre un gardien aux portes pour empêcher l'enlèvement des meubles , et citer immédiatement le tiers en référé. La justice décidera alors de la véracité de l'allégation et arrêtera, s'il y a lieu, la continuation des poursuites.

Que la demande en distraction porte sur tout, ou seulement sur partie des objets saisis, elle n'en est pas moins toujours soumise à certaines formes de procédure destinées à écarter les ruses et abus qui, dans la pratique, peuvent s'exercer contre une saisie sous le prétexte de demande en distraction.

Ainsi, l'art. 608 veut que la personne qui formera une demande en distraction fasse d'abord signifier au gardien des objets saisis un exploit d'opposition à la vente, afin que celui-ci ne laisse pas enlever les meubles pour être vendus. Puis, par un second exploit, le demandeur dénoncera au saisi et au saisissant l'opposition qu'il vient de faire entre les mains du gardien et les assignera en revendication.

Dans ce deuxième acte, la loi exige expressément qu'énonciation soit faite des preuves de la propriété que l'on réclame. L'appréciation de ces preuves est abandonnée aux tribunaux compétents pour juger de la demande en distraction, c'est-à-dire aux tribunaux du lieu de la saisie. Pour prévenir les fraudes, les tribunaux se montrent, en général, sévères sur cette appréciation. Ainsi, ils exigent habituellement, pour accorder gain de cause, que la propriété soit prouvée par des actes ayant une date certaine et antérieure aux poursuites.

Enfin, comme dernière mesure de garantie, et afin que ceux qui seraient tentés de frauder la loi, soient arrêtés par une crainte, le dernier alinéa de notre article 608 décide formellement que le réclamant qui succombera dans le jugement d'une demande en distraction, sera condamné envers le saisissant à des dommages et intérêts pour le retard apporté à la continuation des poursuites.

Section II.

Des demandes en distraction d'objets saisis immobilièrement.

Comme dans la saisie exécution, il peut aussi arriver dans la saisie immobilière que des immeubles appartenant à des tiers soient saisis ; seulement, pour qu'alors il y ait lieu régulièrement à une demande en distraction, il faut toujours qu'il y ait eu erreur tant de la part du débiteur que de la part de l'huissier qui a procédé à la saisie. En effet, s'il existait entre l'huissier et le saisi véritable une connivence coupable dans le but de porter préjudice à un tiers en saisissant un immeuble qui lui appartient, non-seulement le tiers ainsi lésé aurait le droit de revendiquer son immeuble en quelques mains qu'il se trouvât, mais il pourrait encore faire condamner l'huissier, le saisissant et le saisi à des dommages et intérêts, sans préjudice des peines que la loi pourrait leur infliger.

Pour la demande en distraction d'immeubles, le demandeur est aussi tenu de l'accomplissement de certains actes de procédure. Il doit, en premier lieu, prouver ses droits de propriété sur l'immeuble qu'il réclame, en déposant au greffe du tribunal tous ses titres justificatifs (art. 726).

La loi, en effet, n'admet pas pour les immeubles le principe consacré pour les meubles, que *la possession vaut titre.* Pour revendiquer un immeuble, la possession, même avec titre et bonne-foi, ne suffirait pas. Il faut le droit de propriété bien et dûment constaté.

Lorsque le demandeur a fait le dépôt de ses titres, il forme sa demande en assignant le saisissant, le saisi et le créancier premier inscrit (art. 725, 1er alinéa).

La nécessité d'appeler ces trois personnes s'explique facilement. Le saisissant, contre l'acte duquel est principalement dirigée la requête, a, comme on le conçoit, un grand intérêt à connaître cette demande pour pouvoir y former opposition dans le cas où elle tendrait à diminuer trop considérablement la saisie. Le saisi, de son côté, peut faire valoir, sur l'immeuble que l'on réclame, des droits de propriété qui mettraient en doute ceux du réclamant. La demande en distraction serait alors subordonnée à l'issue du procès qui s'élèverait entre le demandeur et le saisi.

Enfin, le créancier premier inscrit doit être appelé comme le représentant de la masse des créanciers inscrits, à former à la demande en distraction les oppositions qui peuvent y être formées.

L'assignation variera à l'égard des diverses parties auxquelles elle devra être signifiée.

Pour le saisissant, qui a toujours un avoué en cause, la demande sera formée par un simple acte d'avoué à avoué, comme toutes les demandes incidentes;

Pour le créancier premier saisi, ce sera au domicile élu dans l'inscription, s'il n'a pas d'avoué;

Enfin, pour le saisi qui n'aurait pas constitué d'avoué pendant les poursuites, la demande devra lui être signifiée par exploit d'ajournement. Mais alors le délai de huitaine accordé aux autres parties pour comparaître, sera augmenté d'un jour par cinq myriamètres de distance entre le domicile du saisi et le lieu où siège le tribunal qui doit juger la demande, en tant, bien entendu, que ce saisi demeure dans le territoire continental de l'Empire; autrement, ce serait prolonger indéfiniment la suspension de la poursuite de la saisie.

Comme dernière formalité, la loi veut que la demande en distraction porte copie de l'acte du dépôt fait au greffe par le demandeur de ses titres justificatifs, avec énonciation de ces titres. C'est là une garantie de plus que la demande ne sera formée que par le véritable ayant-droit, c'est-à-dire le propriétaire.

La demande en distraction d'immeubles peut avoir une certaine influence sur la procédure de saisie immobilière dans le cours de laquelle elle surgit. A ce sujet, il faut distinguer:

1° Si la demande ne porte que sur une partie des objets saisis, en principe, la procédure n'est pas arrêtée par cet incident. L'art. 727

nous dit que nonobstant il sera passé outre à l'adjudication du surplus des objets saisis.

Toutefois, par exception et dans les cas où cette adjudication séparée pourrait offrir aux parties intéressées de trop graves inconvénients, la loi autorise le juge à prononcer, sur la demande de ces parties, le sursis pour toute la procédure jusqu'au jugement de la demande en distraction (art. 727).

2° Si la demande en distraction porte sur la totalité des biens saisis, cas très rare mais qui peut cependant se présenter, on décide alors, quoique la loi ne se soit pas expliquée à ce sujet, qu'il y aura nécessairement lieu à prononcer le sursis. Evidemment, on ne pourrait procéder à l'adjudication de biens sur la propriété desquels on n'est pas entièrement fixé.

SECTION III.

Règles communes aux demandes en distraction d'objets saisis mobilièrement et immobilièrement.

Nous avons pu remarquer entre ces deux incidents certaines analogies. Ainsi, pour les formes de procédure à suivre dans l'un et l'autre cas, nous trouvons cette énonciation des preuves et titres justificatifs de la propriété, également exigée par la loi d'une manière formelle et sous peine de nullité. C'est que, dans les deux cas, la loi devait prévenir les fraudes et abus auxquels pourrait servir de prétexte une demande en distraction.

Enfin, signalons encore cette ressemblance, que, dans l'une et l'autre demande, c'est au tribunal du lieu de la saisie à prononcer.

POSITIONS.

Quels seront les droits de revendication d'un tiers lorsqu'il n'aura pas formé d'opposition à la vente des objets saisis mobilièrement ?

Un tiers dont l'immeuble aura été saisi, puis vendu par adjudication, sans qu'il ait eu connaissance de la procédure de saisie, pourra-t-il intenter sa demande en distraction, même après l'adjudication ?

DROIT CRIMINEL.

Des mandats.

Liv. I, Chap. VII (Code d'instruction criminelle).

Les matières traitées sous cette rubrique constituent la théorie de l'arrestation préventive, partie importante de l'instruction criminelle en France, dans laquelle les attributions des juges d'instruction et autres officiers de police judiciaire ont dû être définies avec la plus extrême précision pour ne pas blesser les grands principes de la liberté individuelle.

CHAPITRE PREMIER.

Des diverses espèces de mandats.

L'ancienne législation (Code de brumaire, an IV) reconnaissait trois espèces de mandats :

Le mandat de comparution, celui d'amener, et enfin le mandat d'arrêt qui, le plus important de tous, formait la base de la procédure criminelle, en ce sens que les nullités dont il était vicié faisaient annuler toute la procédure ultérieure (arrêts divers de la cour de cassation).

Le Code d'Instruction Criminelle (loi du 17 novembre 1808) a conservé ces trois sortes de mandats, tout en leur faisant subir d'importantes modifications. De plus, il a introduit une quatrième espèce sous le nom de mandat de dépôt (loi du 7 pluviôse, an IX, modifiée par le Code d'Instruction Criminelle).

Autrefois, le droit de décerner les mandats appartenait aux juges de paix, officiers de gendarmerie, magistrats de sûreté et directeurs du jury. Aujourd'hui, c'est essentiellement aux juges d'instruction et aux magistrats appelés à en remplir les fonctions que revient ce droit.

Nous examinerons séparément les quatre espèces de mandat dont s'occupe le Code en déterminant les règles qui sont spéciales à chacun d'eux ; puis nous dirons quelles sont les règles qui leur sont communes.

Mais avant, faisons observer que les mandats étant créés dans le double but de placer les prévenus tantôt en présence, tantôt sous la garde même de la justice, on pourrait, en les considérant sous ce point de vue, les ranger en deux grandes classes.

D'un côté nous aurions les mandats de comparution et d'amener, destinés à mettre l'inculpé en présence de la justice ; de l'autre le mandat de dépôt et d'arrêt qui le placent sous sa garde.

Section Première.

Des mandats qui mettent l'inculpé en présence de la justice.

I. — *Mandat de comparution.*

Le mandat de comparution n'est, à vrai dire, qu'une espèce d'assignation. Comme celle-ci, en effet, il ne peut être accompagné d'aucune contrainte physique. Le prévenu n'est pas même légalement obligé de s'y rendre. S'il le fait, il ne doit céder qu'à sa propre conscience qui lui fait un devoir de se disculper des soupçons qui pèsent sur lui. Aussi le juge d'instruction n'est-il autorisé à employer cet acte qu'autant qu'il y a concours des deux circonstances expressément exigées par la loi. Il faut : 1° que le prévenu ait un domicile connu : 2°

qu'il ne soit passible que d'une peine correctionnelle. En l'absence
d'une de ces conditions, le juge d'instruction ne pourrait décerner
qu'un mandat d'amener. Il y aurait encore lieu à ce dernier mandat
lorsque l'inculpé n'aurait pas répondu une première fois au mandat de
comparution (art. 91).

II. — *Mandat d'amener.*

Le mandat d'amener se distingue essentiellement du précédent en
ce qu'il peut être, dans son exécution, appuyé par des moyens de contrainte. Ce n'est plus ici l'inculpé qui est mandé directement : c'est un
agent de la force publique qui reçoit l'ordre d'amener le prévenu en
présence de la justice et de le contraindre, en cas de résistance, par les
moyens que la loi met à sa disposition, art. 99 et 100.

Plus rigoureux que le précédent, le mandat d'amener ne doit être
décerné que contre les personnes prévenues de crimes ou délits emportant peines afflictives et infamantes, sauf les cas où il est destiné à
remplacer le mandat de comparution.

Des termes de l'art. 91, il semblerait résulter que le juge d'instruction peut décerner le mandat d'amener contre *toute personne quelle
qu'elle soit.* Cependant, les lois constitutionnelles et administratives
mettent certaines personnes à l'abri de toute arrestation préventive.
(Voir M. Chauveau, Principes de Compétence, tome 1er). Existe-t-il
donc dans notre article une opposition à ces principes? Telle n'a pas
été certainement la pensée de la loi. Ces mots doivent s'entendre
comme faisant une opposition directe à la désignation spéciale que la
loi fait plus haut des personnes qui seules peuvent être soumises au
mandat de comparution.

« Dans le mandat de comparution, le prévenu sera interrogé de
» suite : Il le sera dans les vingt-quatre heures au plus tard, dans le
» cas de mandat d'amener, art. 93. » Cet article constitue pour les
magistrats, dans sa dernière partie surtout, un devoir rigoureux, dont

l'inobservation serait une atteinte grave à la liberté individuelle et par suite pourrait entraîner contre son auteur des peines sévères.

Section III.

Des mandats destinés à mettre les prévenus sous la main de la justice.

III. — *Mandat de dépôt.*

Le mandat de dépôt tient en quelque sorte le milieu entre le mandat d'amener et le mandat d'arrêt ; plus rigoureux que le premier, il l'est cependant moins que l'autre.

Le Code ne précise pas bien nettement les cas dans lesquels ce mandat doit être décerné : sauf les circonstances exceptionnelles mentionnées dans l'art. 100, où le mandat d'amener peut être converti par le procureur impérial en mandat de dépôt, sous la condition des notifications qui doivent en être faites au juge d'instruction (art. 101, 102, 103), il y a doute parmi les auteurs pour déterminer les positions dans lesquelles le juge d'instruction devra spécialement décerner le mandat de dépôt. Toutefois, nous pouvons dire, d'après un auteur recommandable (Dalloz, Dictionnaire de la Jurisprudence, tome 8), qu'il peut et doit le décerner toutes les fois que l'interrogatoire n'a pas détruit les inculpations, et qu'il s'agit, soit d'un crime, soit d'un délit emportant peine afflictive et infamante.

IV. — *Mandat d'arrêt.*

De tous les actes de la procédure criminelle, ce mandat est, sans contredit, le plus redoutable ; aussi, est-ce celui pour la détermination duquel la loi a apporté le plus de réserve. Les pouvoirs du juge d'instruction sont ici subordonnés à des conditions qui en rendent l'impartialité plus sûre. Ainsi, ce n'est que lorsque l'instruction aura fait ressortir, à la charge de l'accusé, des faits dont la sanction est l'emprisonnement, et après que le procureur impérial aura donné ses conclusions, que le mandat d'arrêt pourra être décerné.

Le juge d'instruction qui négligerait de décerner le mandat d'arrêt dans les cas déterminés, ou qui, contrairement aux réquisitions du ministère public, refuserait de le faire, serait passible des peines disciplinaires, et même pourrait être poursuivi devant la chambre des mises en accusation.

Le mandat de dépôt devra s'exécuter conformément aux prescriptions de l'art. 107, celui d'arrêt conformément à celles des art. 108 et 110. Dans les deux cas, l'officier chargé de l'exécution des mandats devra se faire remettre par le gardien de la maison d'arrêt une reconnaissance de la remise du prévenu. Il portera ensuite au greffe du tribunal correctionnel les pièces relatives à l'arrestation et en demandera un reçu. Cette double reconnaissance devra, dans les vingt-quatre heures, être vue, datée et signée par le juge d'instruction (art. 111).

Si, par suite de la fuite du prévenu, le mandat d'arrêt ne peut être exécuté, notification devra être faite de ce mandat à la dernière habitation du prévenu: puis procès-verbal de perquisition devra être dressé par le porteur du mandat dans les formes prescrites par l'art. 109. Enfin, le mandat et le procès-verbal seront ensuite remis au greffe du tribunal.

CHAPITRE II.

Des formalités communes aux diverses espèces de mandats.

Tous les mandats seront datés et signés par l'officier judiciaire qui les aura décernés, et munis de son sceau; le prévenu y sera nommé ou du moins désigné le plus clairement possible par un signalement. En outre, dans le mandat d'arrêt il devra être fait énonciation du fait pour lequel il est décerné et citation de la loi qui déclare que ce fait, crime ou délit, comporte l'emprisonnement. Notification devra être faite aux prévenus du mandat décerné contre eux et copie leur sera laissée de ce mandat.

Enfin, tous les mandats sont exécutoires dans toute l'étendue de l'empire. Ils devront être vus et signés par les autorités de l'arrondissement où sera trouvé le prévenu; par le juge de paix ou son suppléant; à leur défaut, par le maire ou son adjoint; enfin, à leur défaut, par le commissaire de police. Aucune de ces autorités ne pourra empêcher ou suspendre l'exécution du mandat.

Toutes ces formalités, énoncées dans les art. 95, 96, 97, 98, sont prescrites de même que celles que nous avons vu spécialement exigées pour chacun des mandats, sous les peines portées en l'art. 112, contre le greffier, le juge d'instruction et le procureur impérial, en cas d'inobservation.

Le Code n'a pas consacré ici d'une manière formelle le principe de l'ancienne législation qui voulait que l'inobservation des formalités emportât la nullité de l'acte. De là, il faut conclure que cette nullité n'est jamais recevable, même dans les cas prévus par l'art. 112.

Les cas de flagrant délit et de poursuites par la clameur publique, font exception aux règles que nous venons de tracer en matière d'arrestation préventive: alors tout dépositaire de la force publique et même tout citoyen peut et doit saisir le prévenu et le conduire devant le procureur impérial, sans qu'il soit besoin d'un mandat d'amener; mais il faut pour cela qu'il s'agisse d'un fait emportant peine afflictive ou infamante.

POSITIONS.

Dans quels cas exceptionnels les mandats peuvent-ils être décernés par les tribunaux?

Le juge d'instruction peut-il à son choix décerner un mandat de comparution ou d'arrêt? Le peut-il dans tous les cas?

Vu par le Président de la Thèse,

DUFOUR.

Cette Thèse sera soutenue dans une des salles de la Faculté, en séance publique le 7 août 1858.

LOIS

9 782019 995010